MON CAHIER DE LECTURE

DU CRÉOLE MARTINIQUAIS

D1728969

Dans ce cahier d'exercices, vous allez apprendre à vous familiariser avec le créole martiniquais.

Il a été créé de manière ludique, pour que l'apprentissage soit aussi simple que possible.

Les mots sont mis en avant avec de jolies images. Qui a dit qu'il fallait apprendre sans s'amuser ?

Attention, vous n'apprendrez pas à parler créole avec ce cahier. Vous apprendrez à lire et écrire des mots du quotidien. Vous pourrez apprendre de nouveaux mots.

Mais vous ne devriez pas avoir l'impression de travailler. De ce fait, vous pourrez le mettre entre toutes les mains.

Si vous aimez ce cahier d'exercices, n'hésitez pas à le noter sur Amazon.

J'ai aussi créé:

N'hésitez pas à me suivre sur les réseaux :
@curlysaltytravel

Commençons par l'alphabet :

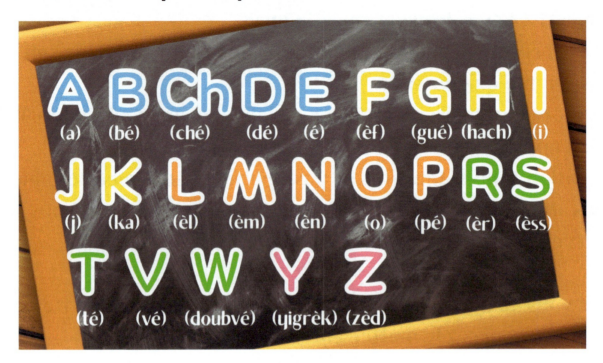

L'alphabet du créole n'est pas le même que celui du français et il n'est pas le même dans tous les créoles car tous les sons ne s'orthographient pas de la même manière.

Les particularités du créole martiniquais :

 se prononce (Djé)
comme dans les mots ladjè (guerre), djéri (guérir), ou encore djob (job) etc

 se prononce (tché)
comme dans les mots matjé (écrire), latjé (queue).

Comment lire le créole ?

1/ toutes les lettres se prononcent sans exception

2/ tous les sons se lisent et s'écrivent toujours de la même manière sans exception

3/ les règles du français ne s'appliquent pas en créole

Au début, c'est normal d'avoir du mal à le lire parce que c'est contre-intuitif par rapport au français et toutes ses règles mais en retenant qu'un son reste toujours le même on progresse.

Dans ce cahier, nous travaillons par syllabe pour rendre l'apprentissage plus facile.

Exemple :

| LA | DWEZ |

| KA | CHI | MAN |

| BO |

| BET | - A | BON | DIÉ |

Comment prendre en main le cahier d'activités ?

Les mots à trouver ne sont jamais un nombre fixe. Il peut en avoir 4 comme il peut en avoir 6.
Vous pouvez utiliser un dictionnaire pour vous aider. La première page est axée sur le son, la seconde sur l'écriture.

Le son

Mot pour illustrer le son

A a *a*

Entoure les images avec le son "a"

Recopie chaque syllabe pour former le mot de l'image

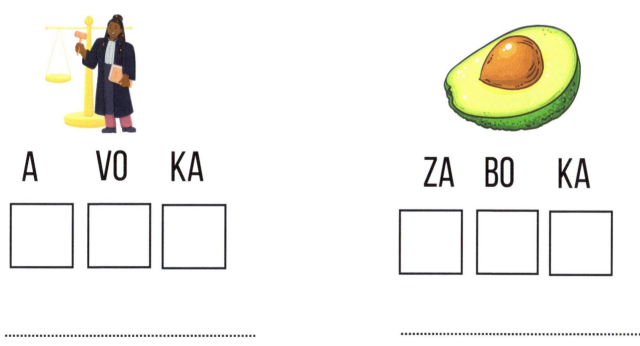

A   VO   KA

☐ ☐ ☐

ZA   BO   KA

☐ ☐ ☐

....

A a *a*

Relie chaque syllabe à l'image correspondante

BA ○　　　　○ TAT

KA ○　　　　○ LIZ

LA ○　　　　○ PEN

PA ○　　　　○ PI

TA ○　　　　○ TO

VA ○　　　　○ DO

Écris les mots que tu as trouvé:

....　　　..

....　　　..

....　　　..

An an *an*

Va**nni**

Entoure les images avec le son "an"

Recopie chaque syllabe pour former le mot de l'image

MAN   MAN

ZAN   NAN   NA

An an *an*

V**an**ni

Relie chaque syllabe à l'image correspondante

BAN   o   o   NAN

KAN   o   o   NI

LAN   o   o   BOU

NAN   o   o   NANN

TAN   o   o   NO(T)

Écris les mots que tu as trouvé:

....

....

....

É é é

Béré

Entoure les images avec le son "é"

Complète les mots suivants

Bay..

*L**..*v*......................................

*B**..*b*..

..dit..

É é é

Bér**é**

Relie chaque syllabe à l'image correspondante

BÉ o   o DAY

DI o   o LÉ

MÉ o   o KANN

TÉ o   o VEY

RÉ o   o FÉ

Écris les mots que tu as trouvé:

....

....

....

Entoure les images avec le son "è"

Recopie chaque syllabe pour former le mot de l'image

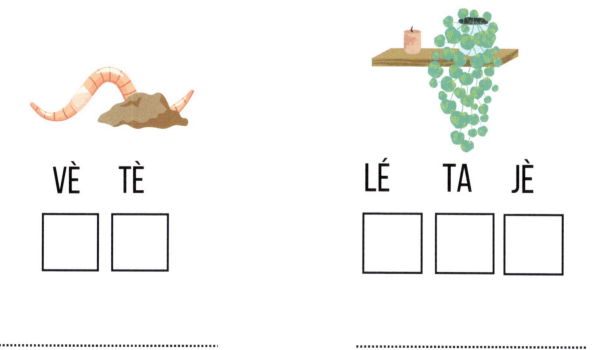

VÈ TÈ

☐ ☐

LÉ TA JÈ

☐ ☐ ☐

....

È è è

B è

Relie chaque syllabe à l'image correspondante

BÈ　　o　　　　o　SEL

DÉ　　o　　　　o　LÈ

FI　　o　　　　o　FLET

LAN　　o　　　　o　ZÈ

SOU　　o　　　　o　MÈ

Écris les mots que tu as trouvé:

....　　..

....　　..

....　　..

EN en *en*

Lap**en**

Entoure les images avec le son "en"

Recopie chaque syllabe pour former le mot de l'image

PEN   YEN

☐ ☐

EN   MEN

☐ ☐

GRENN

☐

....

EN en *en*

Lapen

Relie chaque syllabe à l'image correspondante

BEN o   o DENN

EN o   o VITÉ

KO o   o SO

LAN o   o PENG

PEN o   o YEN

ZÉ o   o MEN

Écris les mots que tu as trouvé:

....

....

....

....

....

....

Ii *i*

Entoure les images avec le son "ï"

Recopie chaque syllabe pour former le mot de l'image

MI   ZIK

☐ ☐

CHI KLÉ

☐ ☐

....

....

Complète les mots suivants

....m.....skad.............

....ch...m...z.............

Ii *i*

Relie chaque syllabe à l'image correspondante

BI   o   o   FÉ

CHI   o   o   TACH

DI   o   o   BON

PIS   o   o   RÉ

SI   o   o   NI

Écris les mots que tu as trouvé:

....

....

....

O o o

Entoure les images avec le son "o"

Recopie chaque syllabe pour former le mot de l'image

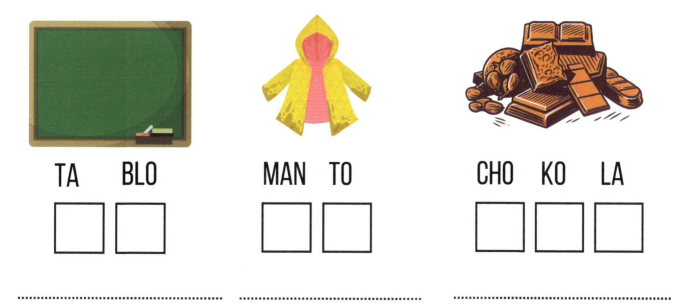

TA	BLO
☐	☐

MAN	TO
☐	☐

CHO	KO	LA
☐	☐	☐

....

O o o

Soley

Relie chaque syllabe à l'image correspondante

BO   o   o   TO

KOU   o   o   KAL

LÉ   o   o   RANJ

MO   o   o   TO

ZO   o   o   KOL

Écris les mots que tu as trouvé:

....

....

....

Y ч y

Maчé

Entoure les images avec le son "y"

Recopie chaque syllabe pour former le mot de l'image

MA   YON   NEZ

☐ ☐ ☐

NI   YAJ

☐ ☐

....

Y y y

Mayé

Relie chaque mot à l'image correspondante

YANM ○   ○

YENYEN ○   ○

YICH ○   ○

YOL ○   ○

YONN ○   ○

Réécris les mots que tu as trouvé:

....

....

....

B b ♭

boul

Entoure le mot qui correspond au dessin

bab
bibon

bwason
bèt-a-fé

bonm
bourik

balansin
bouchon

Écris le mot correspondant à l'image

....
....

....
....

....
....

....
....

B b *b*

boul

Relie chaque syllabe à l'image correspondante

BA ○   ○ SEZ

BAS ○   ○ BIN

BÈR ○   ○ LANS

BI ○   ○ KET

BLOU ○   ○ SUI

BO ○   ○ ZON

Écris les mots que tu as trouvé:

....

....

....

CH ch ch

Chini

Entoure les images avec le son "ch"

Entoure les mots qui sont bien orthographiés

chou	chapé	saché	balancer
chabon	lachans	sachet	dachin
changé	lachanss	machette	machine
chanjé	lachance	anchimen	dachine

Quel est ce mot ?

... KO ...

☐ ☐ ☐

....

CH ch *ch*

Chini

Relie chaque syllabe à l'image correspondante

BA o   o MIZ

CHA o   o CHET

CHI o   o CHÉ

CHOU o   o CHON

FOU o   o VAL

KO o   o TOU

Écris les mots que tu as trouvé:

....

....

....

D d *d*

Ba**d**jet

Entoure les images avec le son "d"

Recopie chaque syllabe pour former le mot de l'image

DÉ   PANS

□ □

DI   PLO   MÉ

□ □ □

D d *d*

Badjet

Relie chaque syllabe à l'image correspondante

DAN ○   ○ KÒ

DÉ ○   ○ TÈ

DI ○   ○ SÈ

DOK ○   ○ SÈ

DOU ○   ○ PO

DRA ○   ○ TÉ

Écris les mots que tu as trouvé:

....

....

....

F f *f*

F a

Entoure les images avec le son "f"

Recopie chaque syllabe pour former le mot de l'image

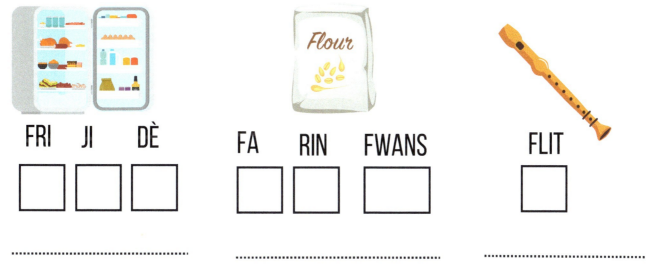

FRI   JI   DÈ   FA   RIN   FWANS   FLIT

☐ ☐ ☐   ☐ ☐ ☐   ☐

....

Complète les mots suivants

........*ouyapen*....................   ....*wèt*....................

F f *f*

F a

Relie chaque syllabe à l'image correspondante

FA   o   o   NET 

FAN   o   o   MI

FI   o   o   RIN 

FO   o   o   MI 

FON   o   o   MAJ 

Écris les mots que tu as trouvé:

....

....

....

G g g

G r a j

Entoure les images avec le son "g"

Complète les mots suivants

.... ad-manjé ....

.... aziniè ....

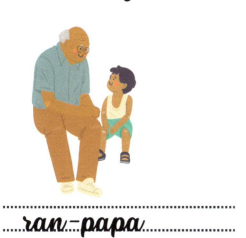

.... ran-papa ....

.... ran-manman ....

G g *g*

Graj

Relie chaque syllabe à l'image correspondante

GA o   o YAV

GI o   o BO

GON o   o DLOUP

GRI o   o TA

GWA o   o TO

Écris les mots que tu as trouvé:

....

....

....

J j *j*

Entoure les images avec le son "j"

Recopie chaque syllabe pour former le mot de l'image

JOU NA LIS

☐ ☐ ☐

JI DO KA

☐ ☐ ☐

....

Jj _j_

Jéyan

Relie chaque syllabe à l'image correspondante

JA   o   o PON

JAN   o   o DEN

JÈ   o   o JÉ

JI   o   o DAM

JOU o   o NAL

NA   o   o TON

Écris les mots que tu as trouvé:

....

....

....

K k *k*

K **wi**

Entoure les images avec le son "k"

Recopie chaque syllabe pour former le mot de l'image

KA FÉ
☐ ☐

....

KRIS TO FIN
☐ ☐ ☐

....

KO CHON
☐ ☐

....

Complète les mots suivants

.... *abann* ....

.... *rèm* / *renm* ....

K k *k*

Kwi

Relie chaque syllabe à l'image correspondante

KA   o   o NEL

KAL   o   o PLÉ

KAN   o   o DO

KON   o   o TLA

KOU   o   o BAS

Écris les mots que tu as trouvé:

....

....

....

L l *l*

lanbi

Entoure le mot qui correspond au dessin

lalwé
laloué

lanmou
lenmou

lavenn
lavann

lenj
lanj

Écris le mot correspondant à l'image

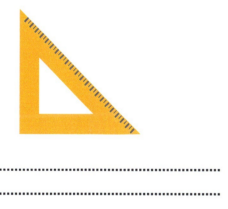

....
....

....
....

....
....

....
....

L l *l*

lanbi

Relie chaque syllabe à l'image correspondante

LA ○   ○ CHEL

LAN ○   ○ NET

LÉ ○   ○ SION

LI ○   ○ JAN

LO ○   ○ LET

MA ○   ○ MÈ

Écris les mots que tu as trouvé:

....

....

....

M m _m_

Mas

Entoure les images avec le son "m"

Recopie chaque syllabe pour former le mot de l'image

MAN   MAN

☐ ☐

MÈB

☐

LAN   MEN

☐ ☐

....

Sa capitale économique est Fort de France comment l'écris-tu en créole ?

...   TI   ...

☐ ☐ ☐

....

M m *m*

Mas

Relie chaque syllabe à l'image correspondante

MA o   o KAD

MAN o   o GO

MÉ o   o TANN

MIS o   o DRAS

MON o   o DAY

Écris les mots que tu as trouvé:

....

....

....

N n *n*

Pe**n**-bwa

Entoure les images avec le son "n"

Recopie chaque syllabe pour former le mot de l'image

NAN NAN

☐ ☐

LA NA TI

☐ ☐ ☐

....

....

Complète les mots suivants

lamo___ta_____

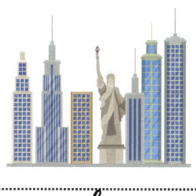

_____ouyok_____

Nn *n*

Pen-bwa

Relie chaque syllabe à l'image correspondante

BAN o   o MAN

FI o   o LIN

LA o   o NANN

MAN o   o TÈ

PONM o   o NET

Écris les mots que tu as trouvé:

....

....

....

P p p

Pisin

Entoure les images avec le son "p"

Entoure les mots qui sont bien orthographiés

pen	lapenti	poing	la pluie
pain	lapeinti	poin	lapli
peny	poul	pwoin	laplui
peingn	poule	pwen	la plu

Quelle était la capitale économique de la Martinique avant l'éruption de la montagne Pelée?

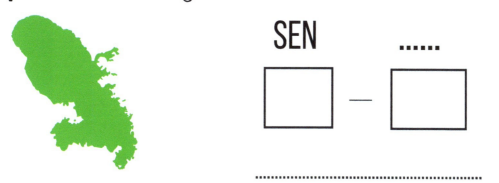

SEN   ......

☐ — ☐

....

P p *p*

Relie chaque syllabe à l'image correspondante

DRA ○   ○ TI

LA ○   ○ PIÉ

PA ○   ○ CHÈ

PAS ○   ○ PO

PÉ ○   ○ PLI

PI ○   ○ MAN

Écris les mots que tu as trouvé:

....

....

....

R r r

Renn

Entoure les images avec le son "r"

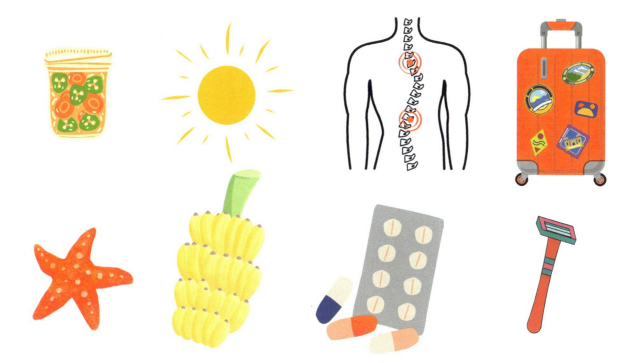

Recopie chaque syllabe pour former le mot de l'image

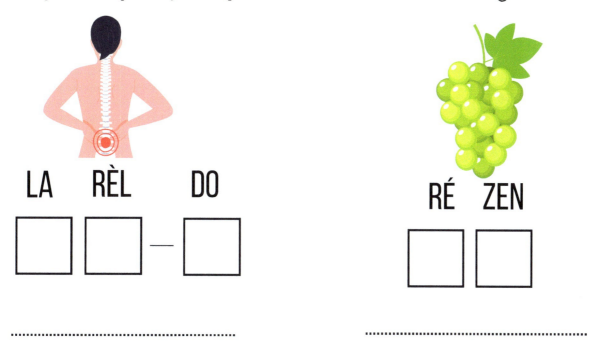

LA RÈL DO

□ □ — □

RÉ ZEN

□ □

....

R r *r*

Renn

Relie chaque syllabe à l'image correspondante

AR   o   o   VÉ

DRI   o   o   TIS

RA   o   o   CHÉ

RÉ   o   o   BAN

RI   o   o   TJEN

Écris les mots que tu as trouvé:

....

....

....

S s s

Sak

Entoure les images avec le son "s"

Complète les mots suivants

.........onnnri.....................

.........ouri.....................

.........ardin.....................

.........ik-doj.....................

S s *s*

Sak

Relie chaque syllabe à l'image correspondante

SA ○　　　○ WO

SANN ○　　　○ TI

SEN ○　　　○ LAD

SÈ ○　　　○ LEY

SI ○　　　○ VIET

SO ○　　　○ DRICH

Écris les mots que tu as trouvé:

....　　...

....　　...

....　　...

T t *t*

Entoure les images avec le son "t"

Recopie chaque syllabe pour former le mot de l'image

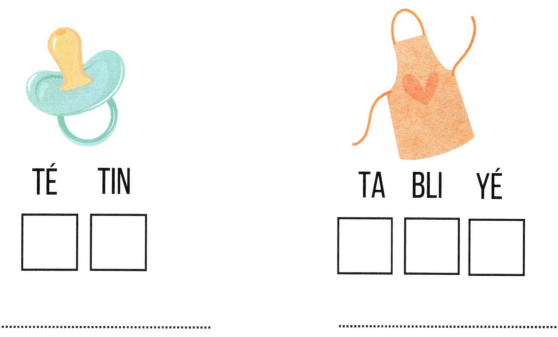

TÉ   TIN

TA   BLI   YÉ

Tt t

Relie chaque syllabe à l'image correspondante

TAK ○   ○ LÉ

TA ○   ○ PI

TÉ ○   ○ YO

TEN ○   ○ BAL

TI ○   ○ RIS

TOU ○   ○ SI

Écris les mots que tu as trouvé:

....

....

....

Tj tj *tj*

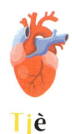

Tjè

Entoure les images avec le son "tj"

Recopie chaque syllabe pour former le mot de l'image

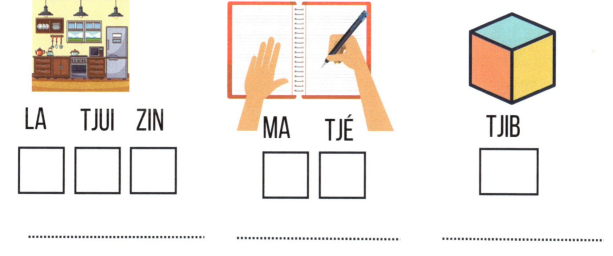

LA   TJUI   ZIN

☐ ☐ ☐

MA   TJÉ

☐ ☐

TJIB

☐

....

Complète les mots suivants

....
...*jiy*...........................

....
.........*jui*................

Tj tj *tj*

Tj è

Relie chaque syllabe à l'image correspondante

BÉ   o   o   NET

LA   o   o   LOT

TJÉ   o   o   BOUM

TJI   o   o   TJI

TJOU   o   o   TJÉ

Écris les mots que tu as trouvé:

....

....

....

V v *v*

V è

Entoure les images avec le son "v"

Recopie chaque syllabe pour former le mot de l'image

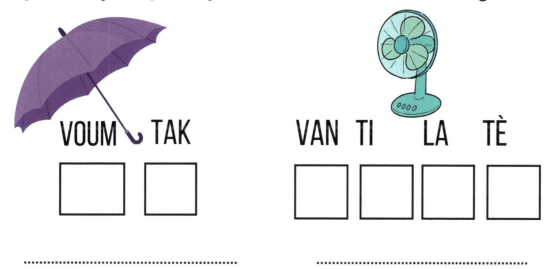

VOUM TAK

☐ ☐

VAN TI LA TÈ

☐ ☐ ☐ ☐

....

....

Complète les mots suivants

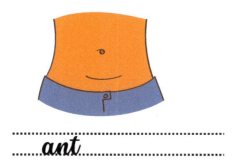

........*ant*........................

........*iann*........................

V v *v*

Vè

Relie chaque syllabe à l'image correspondante

LA o   o NI

RI o   o NEG

VAN o   o VANN

VI o   o KAN

VOL o   o VAJ

Écris les mots que tu as trouvé:

....

....

....

W w w

W o b

Entoure les images avec le son "w"

Recopie chaque syllabe pour former le mot de l'image

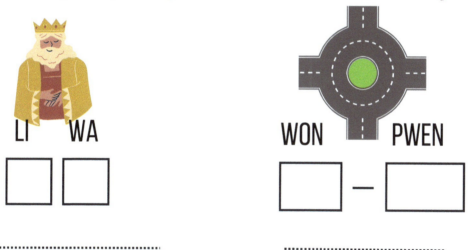

LI   WA

[ ] [ ]

....

WON   PWEN

[ ] — [ ]

....

Quel mot utilise t-on pour dire bravo ?

....

[ ] [ ]

....

W w  ω

Wòb

Relie chaque mot à l'image correspondante

WOCH ○   ○

WON ○   ○

WONT ○   ○

WOUJ ○   ○

WOZ ○   ○

Réécris les mots que tu as trouvé:

....

....

....

Z z z

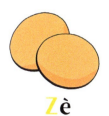

zè

Entoure les images avec le son "z"

Recopie chaque syllabe pour former le mot de l'image

ZI   WON   DEL

☐ ☐ ☐

ZIG

☐

....

Z z z

z è

Relie chaque syllabe à l'image correspondante

ZAN o   o LÈV

ZÉ o   o KAK

ZÉ o   o PENG

ZI o   o RANJ

ZO o   o NO

ZWÉ o   o ZO

Écris les mots que tu as trouvé:

....

....

....

ÉCRITURE
MATJÉ

Dans les pages qui suivent il y aura quelques mots du quotidien à écrire, quelques phrases.

Il y a 10 pages en tout pour utiliser les sons appris précédemment afin de tenter d'écrire des mots que l'on connait ou d'en apprendre des nouveaux.

Au marché

maché

....

....

....

....

....

....

....

....

....

Dans la cuisine

Andidan latjuizin

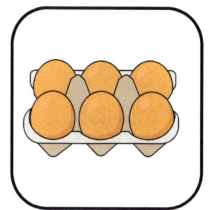

....

....

....

Le corps

ko

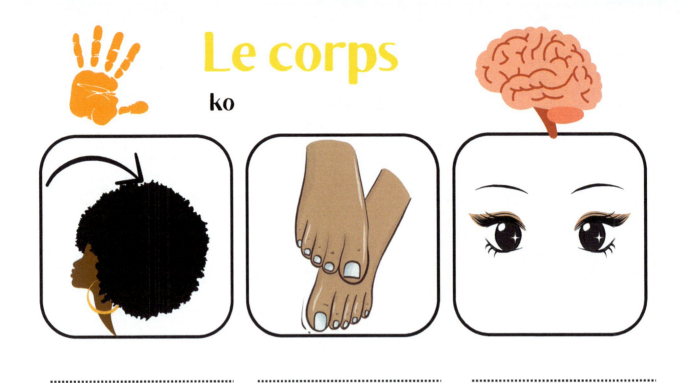

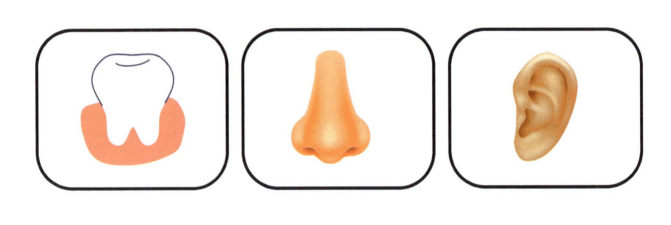

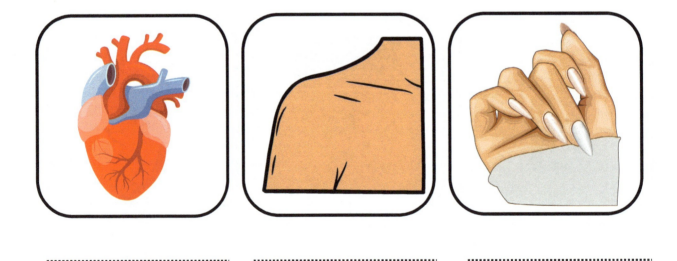

 # Dans la maison

Kay

....

....

....

....

....

....

....

....

....

Les couleurs

koulè

....

  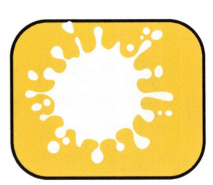

....

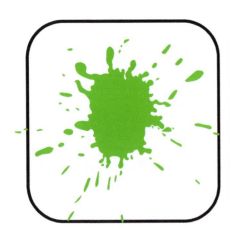  

....

Mots du quotidien

un

temps

enfants

demander

madame

monsieur

comme

aujourd'hui

hier

demain (si
Dieu veut)

mauvais

bon

Mots du quotidien

un peu

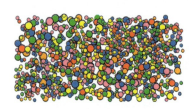

beaucoup

manger

avec

rien

nettoyer

jamais

impossible

tenir

encore

tout(e, (es) tous

jouer

Verbes du quotidien

boire

toucher

écrire

prendre

se laver

se coiffer

parler

conduire

se promener

ramasser

se préparer

écouter

Phrases du quotidien

Dis quelque chose

....

Peut-être qu'il y a quelqu'un.

....

Il/ elle est un peu plus grand que moi.

....

Je ne veux pas entendre un mot.

....

Il/ elle est peut-être là à nous attendre.

....

Recule-toi

....

Viens à quatre heures.

....

Phrases du quotidien

Je n'ai jamais entendu ça.

....

Depuis quand es-tu là ?

....

C'est fermé partout

....

Un tas de conversations inutiles

....

Ne me touche pas.

....

Ne bouge pas jusqu'à ce que je revienne.

....

Tu sembles fatigué.e .

....

RÉPONSES

RÉPONS

Entoure les images avec le son "a"

Relie chaque syllabe à l'image correspondante

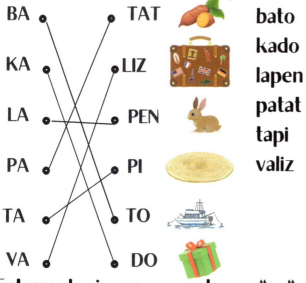

BA   TAT   bato

KA   LIZ   kado

LA   PEN   lapen

PA   PI   patat

TA   TO   tapi

VA   DO   valiz

Entoure les images avec le son "an"

Relie chaque syllabe à l'image correspondante

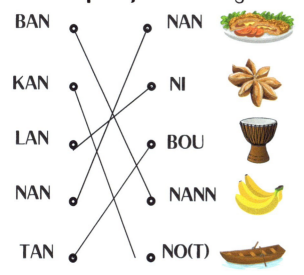

BAN   NAN   bannann

KAN   NI   kanno/ kannot

LAN   BOU   lannni

NAN   NANN   nannan

TAN   NO(T)   tanbou

Entoure les images avec le son "é"

Relie chaque syllabe à l'image correspondante

BÉ — DAY

DI — LÉ

MÉ — KANN

TÉ — VEY

RÉ — FÉ

békann
difé
méday
télé
révèy

Entoure les images avec le son "è"

Relie chaque syllabe à l'image correspondante

BÈ — SEL

DÉ — LÈ

FI — FLET

LAN — ZÈ

SOU — MÈ

bèlè
dézè
fisel
lanmè
souflet

Entoure l'image avec le son "en"

Relie chaque syllabe à l'image correspondante

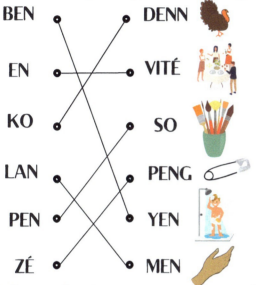

BEN	DENN
EN	VITÉ
KO	SO
LAN	PENG
PEN	YEN
ZÉ	MEN

benyen
envité
kodenn
lanmen
penso
zépeng

Entoure les images avec le son "i"

Relie chaque syllabe à l'image correspondante

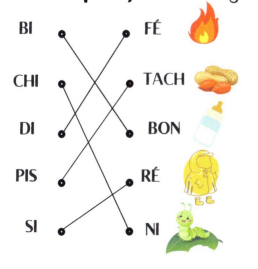

BI	FÉ
CHI	TACH
DI	BON
PIS	RÉ
SI	NI

bibon
chini
difé
pistach
siré

Entoure les images avec le son "o"

Relie chaque syllabe à l'image correspondante

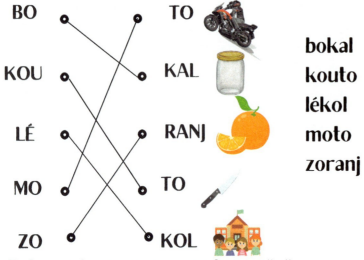

BO	TO
KOU	KAL
LÉ	RANJ
MO	TO
ZO	KOL

bokal
kouto
lékol
moto
zoranj

Entoure les images avec le son "y"

Relie chaque mot à l'image correspondante

YANM

YENYEN

YICH

YOL

YONN

Entoure le mot qui correspond au dessin

bab   bèt-a-fé   bourik   balansin

Écris le mot correspondant à l'image

bannann   bato   bwé   bouton

Relie chaque syllabe à l'image correspondante

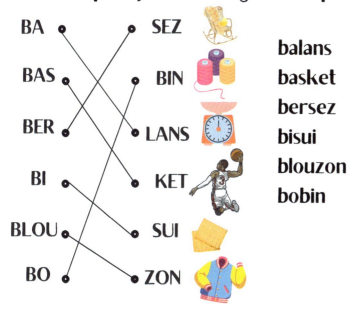

BA   SEZ

BAS   BIN   balans
                         basket
BER   LANS   bersez
                         bisui
BI   KET   blouzon
                         bobin
BLOU   SUI

BO   ZON

Entoure les images avec le son "ch"

Entoure les mots qui sont bien orthographiés

chou   chapé
                    saché   dachin
chabon   lachans
                    anchimen
chanjé

Quel est ce mot ?

chokola

Relie chaque syllabe à l'image correspondante

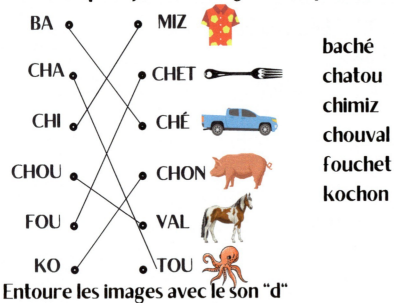

BA   MIZ

CHA   CHET

CHI   CHÉ

CHOU   CHON

FOU   VAL

KO   TOU

baché
chatou
chimiz
chouval
fouchet
kochon

Entoure les images avec le son "d"

Relie chaque syllabe à l'image correspondante

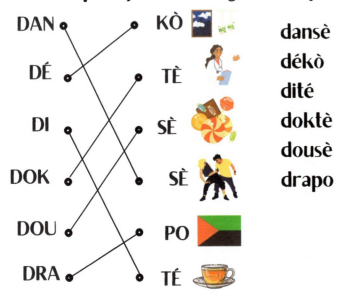

DAN   KÒ

DÉ   TÈ

DI   SÈ

DOK   SÈ

DOU   PO

DRA   TÉ

dansè
dékò
dité
doktè
dousè
drapo

Entoure les images avec le son "f"

Relie chaque syllabe à l'image correspondante

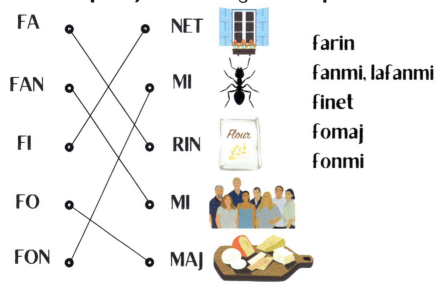

FA   NET

FAN   MI

FI   RIN

FO   MI

FON   MAJ

farin

fanmi, lafanmi

finet

fomaj

fonmi

Entoure les images avec le son "g"

Relie chaque syllabe à l'image correspondante

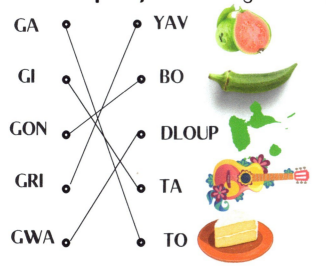

GA   YAV

GI   BO

GON   DLOUP

GRI   TA

GWA   TO

gato

gita

gonbo

griyav

gwadloup

Entoure les images avec le son "j"

Relie chaque syllabe à l'image correspondante

JA   PON

JAN   DEN

JÈ   JÉ

JI   DAM

JOU   NAL

NA   TON

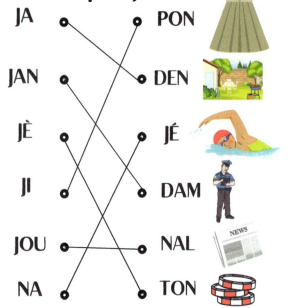

jaden

jandam

jèton

jipon

jounal

najè

Entoure les images avec le son "k"

Relie chaque syllabe à l'image correspondante

KA   NEL

KAL   PLÉ

KAN   DO

KON   TLA

KOU   BAS

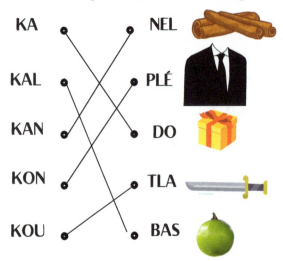

kado

kalbas

kannel

konplé

koutla

Entoure le mot qui correspond au dessin

lalwé   *lanmou*   *lavann*   *lenj*

Écris le mot correspondant à l'image

létjè   *liv*   *loptital*   *louch*

Relie chaque syllabe à l'image correspondante

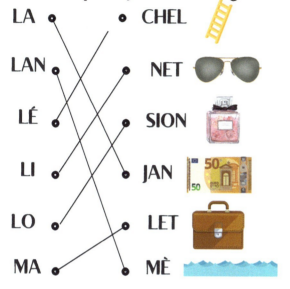

LA	CHEL
LAN	NET
LÉ	SION
LI	JAN
LO	LET
MA	MÈ

lajan
lamnè
léchel
linet
losion
malet

Entoure les images avec le son "m"

Sa capitale économique est Fort de France comment l'écris-tu en créole ?

Matinik , Matnik

Relie chaque syllabe à l'image correspondante

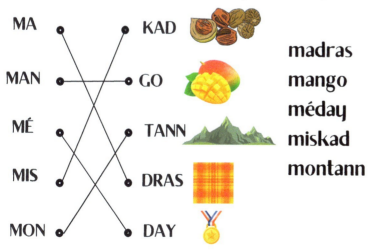

MA	KAD
MAN	GO
MÉ	TANN
MIS	DRAS
MON	DAY

madras
mango
méday
miskad
montann

Entoure les images avec le son "n"

Relie chaque syllabe à l'image correspondante

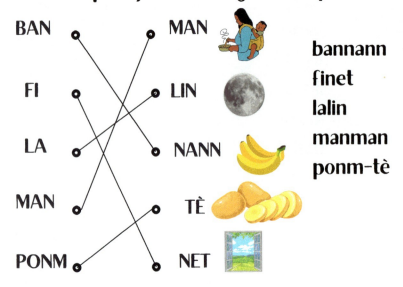

BAN

FI

LA

MAN

PONM

MAN

LIN

NANN

TÈ

NET

bannann
finet
lalin
manman
ponm-tè

Entoure les images avec le son "p"

Entoure les mots qui sont bien orthographiés

pen   lapenti   pwen   lapli

peny   poul

Quelle était la capitale économique de la Martinique avant l'éruption de la montagne Pelée?

Sen-piè

Relie chaque syllabe à l'image correspondante

DRA   TI

LA   PIÉ

PA   CHÈ

PAS   PO

PÉ   PLI

PI   MAN

drapo
lapli
papié
pasti
péchè
piman

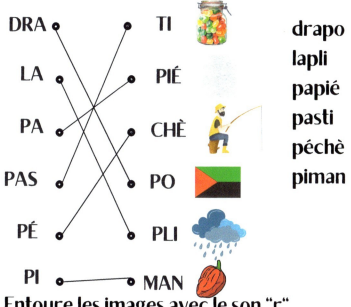

Entoure les images avec le son "r"

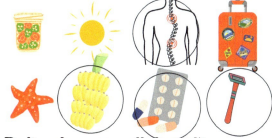

Relie chaque syllabe à l'image correspondante

AR   VÉ

DRI   TIS

RA   CHÉ

RÉ   BAN

RI   TJEN

artis
drivé
raché
rétjen
riban

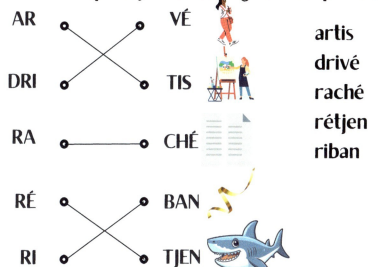

Entoure les images avec le son "s"

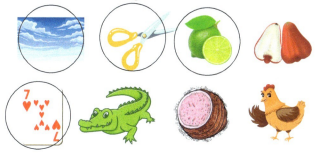

Relie chaque syllabe à l'image correspondante

SA   WO

SANN   TI

SEN   LAD

SÈ   LEY

SI   VIET

SO   DRICH

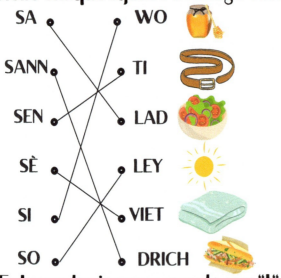

salad

sanndrich

senti , tjui

séviet

siwo

soley

Entoure les images avec le son "t"

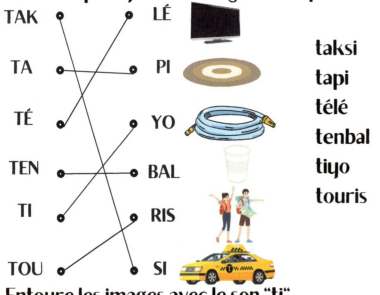

Relie chaque syllabe à l'image correspondante

TAK   LÉ

TA   PI

TÉ   YO

TEN   BAL

TI   RIS

TOU   SI

taksi

tapi

télé

tenbal

tiyo

touris

Entoure les images avec le son "tj"

Relie chaque syllabe à l'image correspondante

BÉ   •   • NET

LA   •   • LOT

TJÉ   •   • BOUM

TJI   •   • TJI

TJOU   •   • TJÉ

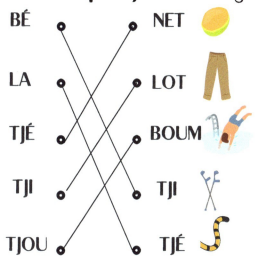

bétji

latjé

tjénèt

tjilot

tjouboum

Entoure les images avec le son "v"

Relie chaque syllabe à l'image correspondante

LA   •   • NI

RI   •   • NEG

VAN   •   • VANN

VI   •   • KAN

VOL   •   • VAJ

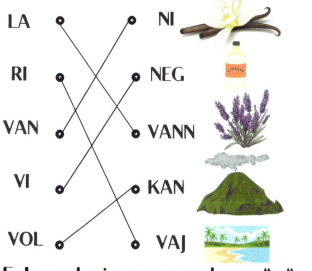

lavann

rivaj

vanni

vineg

volkan

Entoure les images avec le son "w"

Relie chaque mot à l'image correspondante

WOCH

WON

WONT

WOUJ

WOZ

Entoure les images avec le son "z"

Relie chaque syllabe à l'image correspondante

ZAN   LÈV

ZÉ   KAK

ZÉ   PENG

ZI   RANJ

ZO   NO

ZWÉ   ZO

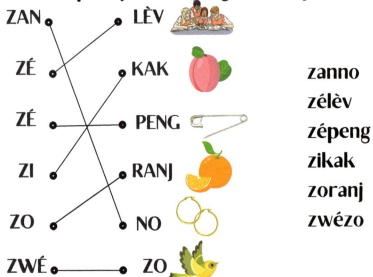

zanno

zélèv

zépeng

zikak

zoranj

zwézo

ÉCRITURE :

Au marché : bannann / tonmat / dachin / mang / zépis /
karanbol / konkonm / pwason, pwéson / lonyon-(fwans, péyi)

Dans la cuisine : diri / poul / zé / tjuiyè / bè / lèt / konfiti / yarout

Le corps : chivé / pié / zié / dan / nen / tjè / zépòl / zong

Dans la maison : vè / penn, peny / kabann / téléfòn / lòloj /
almannak / glas / balé, balié / chez

Les couleurs: jòn / blé / zoranj / wouj / nwè / blan / vè / wòz / violet

Mots du quotidien : an, yonn / tan / ich, yich / mandé / madanm, man /
misié / kon / jòdi / yè / dimen, dèmen sipètadié / mové / bon, bien

tibwen / anpil, anlo, anpil, anchay / manjé / ék, épi, / ayen / pwòpté,
nétwayé / jan, janmen / tjenbé / anko / tout / jwé

Verbe du quotidien : bwè / menyen / ékri, matjé / pran, trapé /
benyen / penyen / palé / kondui, mennen / ponmnen, drivé /
ranmasé / paré / kouté

Phrases du quotidien :
di an bagay
pétèt ni tjèk moun
i titak pli gran ki mwen
mwen pa lé tann pies palé
i pé la ka atann nou
tjilé-w
vini à katrè
mwen pa jen / janmen tann sa
dépi ki tan ou la ?
Toupatou fenmen
anlo palé initil
pa menyen mwen
pa brennen jistan man/ mwen déviré
ou ka sanm sa ki las

Si vous avez apprécié le cahier d'activités, n'hésitez pas à laisser un avis sur Amazon et me taguer sur instagram en story (@curlysaltytravel)

Pourquoi laisser un avis ?
Cela permet de mieux classer le cahier et de développer cette jeune marque que nous créons ensemble.

Merci

WOULO BRAVO
OU FÈ AN BEL TRAVAY

nom et prénom:

Kréyol Matinik

Printed in Poland
by Amazon Fulfillment
Poland Sp. z o.o., Wrocław

26051201R00051